TRUMPELSTÖLZCHEN UND DER ANKLAGEPFIRSICH

ERSTE AUSGABE
Trumpelstölzchen und der Anklagepfirsich © 2020 Martin Treanor
Cover-Art © 2020 Martin Treanor
Innen- und Cover-Gestaltung © 2020 drpz.net

Aus dem Englischen von Marianna Sacra
Korrektur von Ute Kreitz und Josephine Moran

Alle Rechte vorbehalten.

Diese Geschichte ist reine Fiktion. Namen, Charaktere, Orte sowie Ereignisse sind entweder ein Produkt der Vorstellung des Autors oder werden in fiktivem Umfang verwendet. Jede Ähnlichkeit zu wahren Ereignissen, Schauplätzen oder Personen – ob lebend oder verstorben – ist reiner Zufall.*

Tiny Hands Press
ein Imprint von DRPZ Publishing
drpz.net

*außer Trumpelstölzchen

Über die Übersetzerin

Marianna Sacra übersetzt Unterhaltungsmedien aus dem Englischen ins Deutsche. Außer den Trumpelstölzchen-Büchern hat sie an haufenweise ausgezeichneten Videospielen gearbeitet, zum Beispiel *Begrabe mich, mein Schatz* und *Black Desert Online*. In ihrer Freizeit zählt sie Kaffeebohnen, züchtet Sukkulenten und stellt skurrile Schmuckstücke her. Sie lebt mit ihrer Familie in Cambridge, Massachusetts.

Wenn sie gerade keine fantastischen Welten nach Deutschland bringt, schreibt sie auf www.1uptranslations.com über das Übersetzen.

TRUMPELSTÖLZCHEN UND DER ANKLAGEPFIRSICH

Martin Treanor

DANKSAGUNG

Martin Treanor ist überaus dankbar für die Fähigkeit, auf die erbsengroßen Bereiche seines Gehirns zugreifen zu können, die Unsinnigkeiten, Albernheiten und absoluten Quatsch ausspucken. Die Fähigkeit seiner Psyche, sich auf Absurditäten einzulassen, überrascht ihn immer wieder aufs Neue.
Zumindest dann, wenn er sie zum Laufen bringt.

Und vor allem danke an alle, die die Trumpelstölzchen-Bücher gekauft haben. Euer anhaltendes Interesse wird sehr geschätzt.

Die Nacht war schwarz und voller Gefahren in *Nicht Weit Weit Weg Genug*. In den Wäldern, die Trumpelstölzchens dickwandiges Haus in der *Mangy Logo* umgaben, schrien die Eulen, arme und fremd aussehende Menschen spazierten ganz nach Lust und Laune durch die Gegend und Trumpelstölzchen fühlte sich alles andere als sicher, als er auf seinem Bett saß und seine perfekte Wampe umklammerte.

In Trumpelstölzchens Lieblingsbuch, *Fibber Fox' Flunkermärchen*, hatte Chucky Dollson eine der bedeutendsten Geschichten aller Zeiten geschrieben: Menschen wie Trumpelstölzchen, die rechtmäßig goldene Klos besaßen, mussten stets auf der Hut und voller Angst vor den Waldfeen sein, die sich *Kongressen* nannten und immerzu zwischen den Bäumen lauerten.

Die schaurigste von ihnen war das tapfere Elflein Dancy Nancy, das gemeinsam mit der Fee Godwarren, der Prinzessin Omar und der schönhaarigen Cortenzel in einem überaus großen Stiefel lebte. Sie alle waren weibliche Kongressen und konnten Trumpelstölzchen noch mehr Angst einjagen als einlagiges Klopapier.

Laut Chucky Dollson verbreiteten sie Fake News über den guten alten Trumpelstölzchen. Angeblich betrüge er alle um ihre letzte magische Bohne, damit er noch mehr goldene Klos und Bilder von sich kaufen könne, die er sich dann über seine wachsende Anzahl an Himmelbetten hängen wolle. Was ja alles stimmte, doch Trumpelstölzchen wollte nicht, dass irgendjemand davon erfährt …

… weswegen das Fake News waren – oder wie es die böse Hexe Skellyann nannte: *alternative Fakten*. Denn eine Menge Leute (jene, denen Trumpelstölzchens dicker fetter Sack magischer Bohnen gefiel) hätten gesagt, dass Trumpelstölzchen der besteste beste Anführer sei, den das Land je gesehen habe, und es war einfach nicht fair, dass Ausrufer etwas anderes behaupteten.

„Bu-hu-huuu", heulte, plärrte und bläkte Trumpelstölzchen.

An diesem Tag weinte Trumpelstölzchen ganz doll, doch nicht so doll wie an dem Tag, an dem die Bürger herausfanden, dass er andere Königreiche um Gefallen gebeten hatte, insbesondere Puti Puts Reich der Schachtelpuppen. Das sollte nämlich ein Geheimnis bleiben. Doch manche Menschen können einfach nichts für sich behalten. Das musste er schon damals lernen, als er sich in das nicht zu weiche und nicht zu harte Bett von Stormilocks geschlichen hatte und die Ratte Mikey, der eigentlich sein treuer Anwaltself sein sollte, Gott und der Welt davon erzählt hat.

Selbstverständlich gab es noch weitere Geheimnisse, zum Beispiel, dass er regelmäßig junge Schönheitsprinzessinnen inspizierte, doch dies – wie unzählige weitere Heimlichkeiten – ist eine ganz andere Geschichte.

Auf jeden Fall wagte es der Greisbock Biden, der übrigens mit Trumpelstölzchens größtem Erzfeind, dem lieblichen Prinzen Obaming, befreundet war, durch die Gegend zu hüpfen und diese Fake News zu bestätigen.

Und das machte Trumpelstölzchen stinksauer – und traurig.

„Bu-hu-huuu", heulte, plärrte und bläkte er mal wieder.

Der Greisbock Biden war einfach gemein, und Trumpelstölzchen schickte sofort seinen schaurigsten, durchgeknalltesten Elfen, Ghouliani, los, um etwas dagegen zu unternehmen.

Also machte sich Ghouliani auf ins ferne Land von SugarRain, und obwohl er genau wusste, dass er die älteste und wichtigste Regel in den hunderten von Jahren von *Nicht Weit Weit Weg Genug* brechen würde …

… warnte er den Kazar von SugarRain, dass er nur dann in Trumpelstölzchens dicken fetten Sack magischer Bohnen langen dürfe, wenn er grauenhafte Gerüchte über den Greisbock Biden verbreitet.

An dieser Stelle muss erwähnt werden, dass der dicke fette Sack magischer Bohnen eigentlich gar nicht Trumpelstölzchen, sondern all den Bürgern des Königreichs gehörte. Doch die hatten davon noch nie etwas gesehen, da Trumpelstölzchen die Bohnen für Golfspielen und verschwenderische Bälle mit der Schamlosen Schildkröte, Hennity Bennity, Chucky Dollson und all den anderen Mitläufern ausgegeben hatte. Eben jene, die ihm gaben, was er wollte, solange sie dafür nicht in ihren eigenen dicken fetten Sack magischer Bohnen hineingreifen mussten.

Doch Ghoulianis Mühen waren vergebens. Und darum zogen die Ausrufer umher und warfen Behauptungen auf, dass Trumpelstölzchen die wichtigste Regel des Königreichs gebrochen habe. Was er tatsächlich getan hatte. Doch er mochte es gar nicht, wenn das jemand aussprach.

„Bu-hu-huuu", heulte, plärrte und bläkte er mal wieder.

Zur gleichen Zeit, während er vor sich hin heulte, trafen diese Fake News bei Dancy Nancy ein. Sauer darüber, dass jemand diese wichtige Regel brach, pflanzte sie einen magischen Samen, der zu einem riesigen Anklagepfirsich wuchs – dank Trumpelstölzchens lächerlicher Lügen, die der Frucht als Dünger dienten.

Trumpelstölzchen hasste Obst wie die Pest. Und Dancy Nancy dachte, wenn sie mit dieser gigantischen Steinfrucht nur nah genug an ihn herankommen könnte, würde diese ihn aufsaugen, wonach der dicke fette Sack magischer Bohnen (der eigentlich ohnehin allen gehörte) unter all den aufrichtigen Bürgern von *Nicht Weit Weit Weg Genug* aufgeteilt werden könnte.

Niemals wieder sollte er ehrliche Bürger um ihre magischen Bohnen bringen oder auf dumme Ideen kommen. So wie damals, als er mit einem Besen in den Wäldern alle Blätter wegfegen wollte. Oder seine bislang allerdümmste Idee: Ali Khafar mit einer Rakete zu piksen und damit ihn und andere Anführer in den östlichen Gefilden so wütend wie einen wilden Wespenstock zu machen.

„Das ist wirklich nicht fair", meckerte Trumpelstölzchen, als er von ihrem Plan erfuhr. „Ich habe überhaupt nichts falsch gemacht", heulte er wie ein zartes Kunstschneeflöckchen.

„Also na ja, eigentlich schon. Aber ich sage einfach, dass ich gar nichts gemacht habe, obwohl es eine Schriftrolle gibt, auf der Wort für Wort steht, was ich gesagt und getan habe – aber weil es nicht fair ist, habe ich es einfach nicht gesagt, gefragt oder getan, oder überhaupt irgendetwas getan … obwohl die doofe Dancy Nancy Beweise hat."

Wie du sicher schon bemerkt hast, schweift Trumpelstölzchen gerne ein bisschen ab. Und meistens wurden die Leute aus dem, was Trumpelstölzchen so von sich gab, nicht wirklich schlau. Außerdem konnte man ihm ohnehin kein Wort glauben. Für jemanden, der *„dümmer als Bohnenstroh"* war, war er wirklich gut im Lügen.

Nun ja, er war zwar gut im Lügenerzählen, aber miserabel darin, sich nicht dabei erwischen zu lassen.

Und so spazierte Dancy Nancy die Straße entlang und rollte dabei den Anklagepfirsich in Richtung Trumpelstölzchens zweites – zumindest vorübergehendes – Zuhause im verschwenderisch großen Weißen Haus (ach ja, Weiß war Trumpelstölzchens Lieblingsfarbe).

Als sie das Tor erreichte, versperrten ihr die Schamlose Schildkröte, Hennity Bennity und Chucky Dollson den Weg:

„Du kannst Trumpelstölzchen doch nicht diesen riesigen Anklagepfirsich aufhalsen", riefen sie gleichzeitig, als hätten sie sich miteinander abgesprochen.

„Warum nicht? Er hat die wichtigste aller Regeln gebrochen."

Sie setzten nachdenkliche Gesichter auf. Es war ein schmerzhafter Anblick. Sie nuschelten und tuschelten, bis sie schließlich – wieder im Einklang und als sei ihnen gerade eine geniale Erleuchtung gekommen – verkündeten:

„Weil uns das nicht gefällt, darum."

Und von diesem Tag an saß der Anklagepfirsich vor dem verschwenderisch großen Weißen Haus (Weiß war ja Trumpelstölzchens Lieblingsfarbe) und erinnerte Trumpelstölzchen immerzu daran, dass er tatsächlich die wichtigste aller Regeln gebrochen hatte. Aber auch daran, dass ihm das an seinem Allerwertesten vorbeiging. Denn einer Sache war er sich gewiss: Auch wenn er noch keinen richtigen Thron hatte, würden die Schamlose Schildkröte, Hennity Bennity, Chucky Dollson und all seine anderen lügenden Freunde alles Mögliche erzählen, hauptsächlich Lügen, um so zu tun, als ob Trumpelstölzchen tatsächlich der König von *Nicht Weit Weit Weg Genug* sei, damit sie fleißig in den dicken fetten Sack magischer Bohnen greifen und zumindest sie bis an ihr Lebensende glücklich und zufrieden sein können.

Außer jene natürlich, die in die tiefsten, finstersten Kerker verbannt wurden, weil man herausfand, dass sie für Trumpelstölzchen gelogen haben.

Ebenso wie bei der Bettgeschichte mit Stormilocks behauptete Trumpelstölzchen dann, dass er sie gar nicht kannte, obwohl er sie kannte, und zwar sehr gut.

Doch dies – wie ein massiver, ständig wachsender Berg von Boshaftigkeit – ist wieder eine ganz andere Geschichte.

ÜBER DEN AUTOR

Martin Treanor ist Autor und Illustrator – was eigentlich keiner Erwähnung bedurfte, da er alle Trumpelstölzchen-Bücher schreibt und illustriert. Er mag Kaffee, Kuchen und Kuchen, lebt nicht am hipsten Ort der Welt, hat aber dafür zwei andere coole Bücher geschrieben: *The Silver Mist* und *Dark Creed*. Außerdem hat er eine Menge Kurzgeschichten geschrieben … oh, und ein paar andere Sachen illustriert.
Er mag Kuchen.

Mehr auf: *www.MartinTreanor.COM*
Martin Treanor wird repräsentiert durch
DRPZ™ [www.drpz.net]

Lies mehr über unseren überstolzen „Helden" in *Trumpelstölzchen und der Meister Fersensporn* und *Trumpelstölzchen im Land von UcK*!

Mehr Infos über dieses sehr stabile Genie findest du auf:

TheTalesOfTrumplethinskin.com
MartinTreanor.com
ANiceCuppaTea.com

@TrumpleTales

TINY HANDS PRESS

RATTENFÄNGER
Die Vermittlungsagentur mit Tradition

NAME: Trumpelstölzchen (dritter Versuch)
BERUF: Todschicker Thron-Besessener und hochambitionierter Magische-Bohnen-Sammler
VORLIEBEN: Magische Bohnen, Throne, goldene Klos und über sich selbst in der dritten Person reden
ABNEIGUNGEN: Leute, die Trumpelstölzchen für Dinge beschuldigen, die er getan hat
BESTE EIGENSCHAFT: Keine Schuld annehmen – und zwar konsequent!
SCHLECHTESTE EIGENSCHAFT: Keine – Trumpelstölzchen ist wirklich in allem der Besteste
LIEBLINGSESSEN: Immer noch auf jeden Fall wunderschöne Schokoladentorte
AM LIEBSTEN MAG ICH: Trumpelstölzchen

PROFIL:

Dies ist Trumpelstölzchens dritter Anlauf mit diesem Profil – alle vorigen Versuche sind auf dem Postweg verloren gegangen. Offensichtlich will die Deep-State-Elite verhindern, dass Trumpelstölzchen seine einzigartige Genialität mit der Welt teilt.
Trumpelstölzchen lebt noch immer in *Nicht Weit Weit Weg Genug* und wird, eines Tages, auf jeden Fall König der Welt sein. Seine perfekte Wampe ist einfach umwerfend. Sein zauberhaftes oranges Gesicht gleicht dem Versprechen des Sommers. Lass dich auf mich – äh, ich meine Trumpelstölzchen – ein, und i... *er* wird dir die beste Sekunde deines Lebens zeigen. Leider liegt diese Schätzung tiefer als die beiden letzten, woran die Deep-State-Elite Schuld hat, die nur in Trumpelstölzchens Kopf lebt und dort Stress verursacht. Auch diesmal wieder gefälligst keine Elfen, Kobolde und dergleichen, weil i... *er* mit denen nur dubiose Geschäfte macht. Oh, und Obst- und Gemüsefresser können auch gleich wegbleiben. Trumpelstölzchen hasst Obst.

www.ingramcontent.com/pod-product-compliance
Lightning Source LLC
Chambersburg PA
CBHW041149070526
44579CB00005B/56